AF175906

Impressum
Verlag: BABADADA GmbH, Nedderfeld 112 , 22529 Hamburg
Geschäftsführer / Verlagsleitung: Harald Hof
Druck: Books on Demand GmbH, In de Tarpen 42, 22848 Norderstedt

Imprint
Publisher: BABADADA GmbH, Nedderfeld 112 , 22529 Hamburg, Germany
Managing Director / Publishing direction: Harald Hof
Print: Books on Demand GmbH, In de Tarpen 42, 22848 Norderstedt

ikigo c' amashure
school

kugabura
divide

186/2

urubaho
board

ishure
classroom

ikibuga c' ishure
school yard

umwigisha
teacher

urukaratasi
paper

kwandika
write

ikaramu
pen

ameza yo kwandikirako
desk

agacamurongo
ruler

igitabo
book

umunyeshure
pupil

isakoshi y'' ishure

satchel

agasaho k' amakaramu

pencil case

ikaramu y igiti

pencil

agasongozo k ikaramu y
igiti

pencil sharpener

igome

rubber

ikaye yo gucapamwo

drawing pad

igicapo

drawing

ikaramu bacapisha irangi

paintbrush

agasandugu kamabara

paint box

imikasi

scissors

kore

glue

ikaye y' imyimenyerezo

exercise book

imyimenyerezo yo muhira

homework

igiharuro

number

guteranya

add

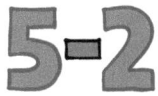

gukuramwo

subtract

kugwiza

multiply

guharura

calculate

urudome

letter

indome

alphabet

ijambo

word

ikigo c' amashure - school

3

igisomwa

text

gusoma

read

ingwa

chalk

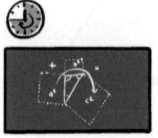

icigwa

lesson

igitabo c' ishure

register

ikibazo

exam

impamyabushobozi

certificate

impuzu y' ishure

school uniform

kwiga

education

kazinduzi

encyclopedia

kaminuza

university

mikorosikopi

microscope

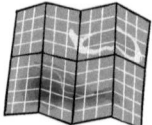

ikarata

map

agaseke bajugunyamo amakaratasi

waste-paper basket

urugendo
travel

ihoteli
hotel
Grand
ihoteli ntoya
hostel
ROOMS
CHANGE
ku bavunjayi
bureau de change
isandugu
suitcase
umuduga
car

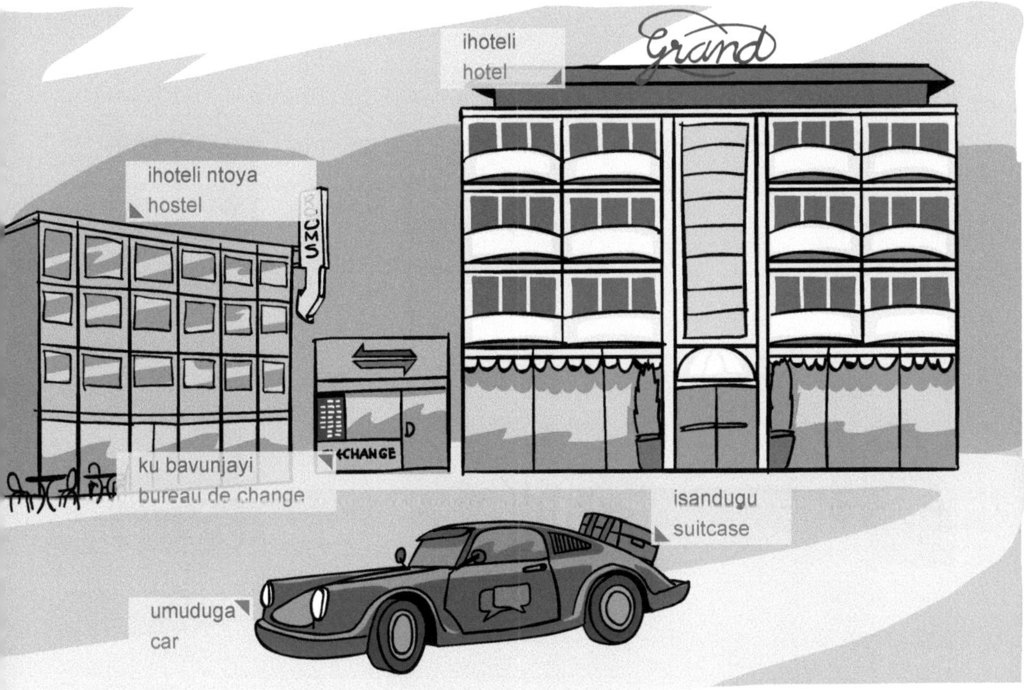

ururimi
language

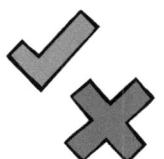

ego / oya
yes / no

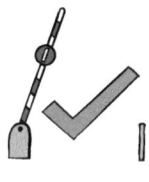

ego
Okay

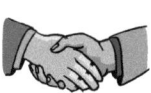

amahoro!
hello

umuntu asigura
translator

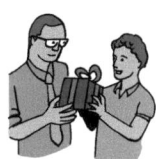

ndashimye
Thank you

ni angahe?

how much is…?

sindabitahura

I do not understand

ingorane

problem

mwiriwe!

Good evening!

mwaramutse

Good morning!

ijoro ryiza!

Good night!

nakagaruka

bye bye

inzira

direction

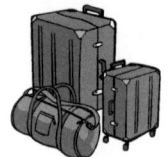

imizigo

luggage

igapo

bag

isaho baheka mu mugongo

backpack

umushitsi

guest

icumba

room

umufuko wo kuraramo mu rugendo

sleeping bag

ihema

tent

kumenyesha ingenzi

tourist information

ku musenyi

beach

ikarata y' amahera

credit card

ifunguro rya mugatondo

breakfast

ifunguro ryo ku murango

lunch

ifunguro ry 'ijoro

dinner

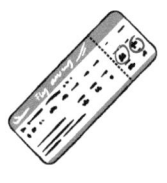

itike

ticket

ingazi y' umuyagankuba

lift

umukono

stamp

umupaka

border

duwane

customs

ubuserukizi bw' igihugu

embassy

viza

visa

pasiporo

passport

gutwara abantu n' ibintu

transport

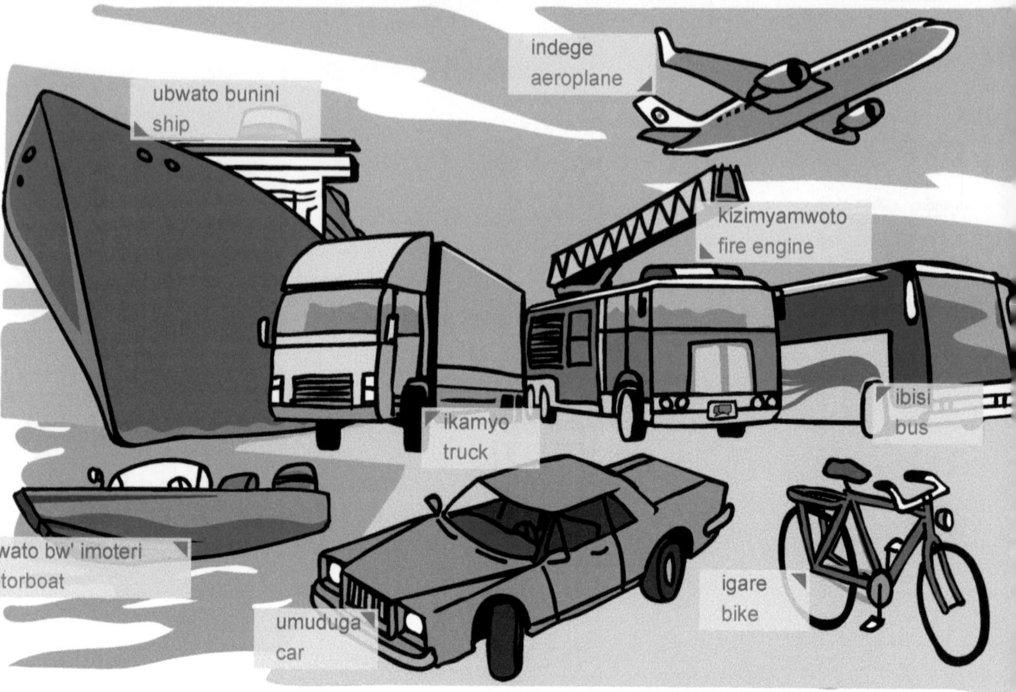

indege
aeroplane
ubwato bunini
ship
kizimyamwoto
fire engine
ibisi
bus
ikamyo
truck
bwato bw' imoteri
otorboat
igare
bike
umuduga
car

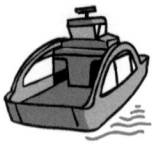

ubwato bunini

ferry

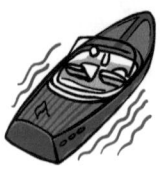

ubwato

boat

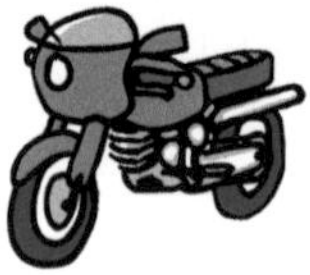

ipikipiki

motorbike

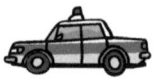

umuduga w' igipolisi

police car

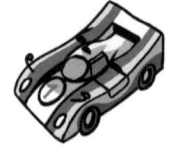

umuduga wa kuruse

racing car

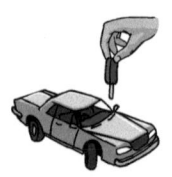

umuduga bakodesha

rental car

gukoresha imodoka imwe muri benshi

car sharing

uruduga ruheka izindi

breakdown truck

umuduga utwara umucafu

refuse truck

imoteri

motor

igitoro

fuel

ubunywero bw'ibitoro

petrol station

birango vyo ku mabarabara

traffic sign

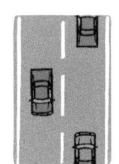

uruja n' uruza

traffic

akajagari k' imiduga mw' ibarabara

traffic jam

igituro c' imiduga

car park

igituro ca gari ya moshi

train station

ibarabara rya gari ya moshi

tracks

gari ya moshi

train

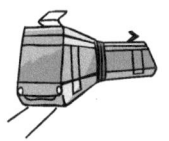

gari ya moshi bita tram

tram

igipande ca gari ya moshi

carriage

kajugujugu

helicopter

ikibuga c' indege

airport

umunara

tower

ingenzi

passenger

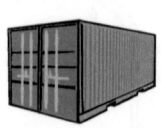

konteneri

container

ikarato

carton

isharete

cart

icibo

basket

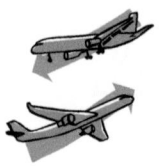

kuguruka / kugwa

take off / land

igisagara

city

umutumba

village

hagati mu gisagara

city centre

inzu

house

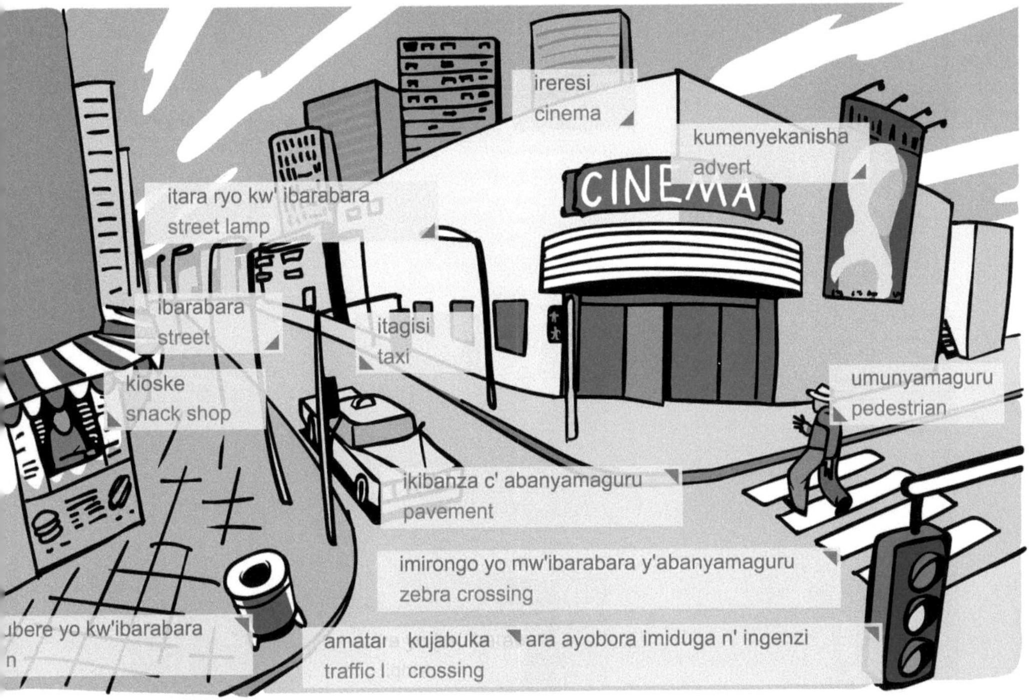

ireresi
cinema

kumenyekanisha
advert

itara ryo kw' ibarabara
street lamp

ibarabara
street

itagisi
taxi

kioske
snack shop

umunyamaguru
pedestrian

ikibanza c' abanyamaguru
pavement

imirongo yo mw'ibarabara y'abanyamaguru
zebra crossing

...bere yo kw'ibarabara
n

amata... kujabuka ...ara ayobora imiduga n' ingenzi
traffic l... crossing

akazu k' ikirundi

hut

aparitema

flat

igituro ca gari ya moshi

train station

meri

town hall

iratiro ry' ivyakera

museum

ikigo c' amashure

school

kaminuza

university

ibanki

bank

ibitaro

hospital

ihoteli

hotel

farumasi

pharmacy

ibiro

office

aho badandaza ibitabo

book shop

akaduka

shop

umudandaza w'amashugwe

florist's

supermarshe

supermarket

isoko

market

iduka

department store

umudandaza w' amafi

fishmonger's

ihuriro ry'amaduka

shopping centre

ikivuko

harbour

ikibanza batemberamwo
park

intebe ndende
bench

ikiraro
bridge

ingazi
stairs

gari ya moshi bita métro
underground

ibarara ry' indani y' isi
tunnel

igituro c' amabisi
bus stop

ubunywero
bar

resitora
restaurant

ahaja amakete
postbox

ikirango co kw' ibarabara
street sign

isaha yo ku gituro c' imiduga
parking meter

iratiro ry' ibikoko
zoo

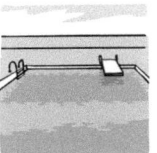

pisine
swimming pool

umusigiti
mosque

ubwororero

farm

konona ibidukikije

pollution

akaburi

graveyard

kw'isengero

church

ikibuga

playground

inyubako za kera bita temple

temple

imisozi

landscape

ikibabi
leaf

ivyapa
signpost

inzira
way

ubwatsi bita gazon
meadow

ibuye
stone

umuntu atembera kure n' amaguru
hiker

igiti
tree

uruzi
river

ubwatsi
grass

ishugwe
flower

ikiyaya

valley

umusozi

hill

ikiyaga

lake

ishamba

forest

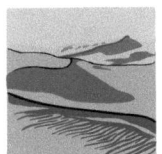

ubugaragwa

desert

ikirunga

volcano

ishato

castle

umunywamazi

rainbow

ikizinu

mushroom

ikigazi

palm tree

umubu

mosquito

isazi

fly

urutozi

ant

uruyuki

bee

igitangurigwa

spider

agakoko gato bita
coléoptère

beetle

igikere

frog

agakoko bita écureuil

squirrel

ikinyogote

hedgehog

urukwavu

hare

igihuna

owl

inyoni

bird

imbata

swan

ingurube y' ishamba

boar

idubu

deer

igikoko bita élan

moose

urugomero

dam

icuma gitanga
umuyagankuba

wind turbine

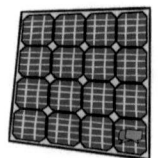

ikimuri c' imishwarara

solar panel

igihe

climate

umukozi wo muburiro n'ubunywero
waiter

ikarata y' indya
menu

intebe
chair

isupu
soup

piza
pizza

ibikoresho vyo kumeza
cutlery

igitambara c' ameza
tablecloth

indya y' ibanze

starter

indya nkuru

main course

deseri

dessert

inyobwa

drinks

infungugwa

food

icupa

bottle

infungugwa batekanye
ingoga
....
fast food

Infungugwa barya bagenda
....
street food

ibirika y' icayi
....
teapot

agakopo k' isukari
....
sugar bowl

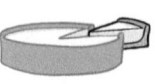

igipande c' indya
....
portion

imachini ikora espresso
....
espresso machine

intebe ndende
....
high chair

inyemazabuguzi
....
bill

ako batwarako infungugwa
....
tray

imbugita yo kumeza
....
knife

ikanya
....
fork

ikiyiko
....
spoon

akayiko k' icayi
....
teaspoon

seriviyeti
....
serviette

ikirahuri
....
glass

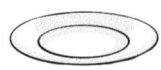

isahani

plate

isahani y' isupu

soup plate

isutasi

saucer

isosi

sauce

akanyanyagiza umunyu ku ndya

salt pot

agasya ipiripiri

pepper mill

vinaigre

vinegar

amavuta

oil

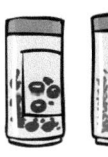

indyoshandya

spices

kecapu

ketchup

mutaride

mustard

mayoneze

mayonnaise

supermarshe
supermarket

ivyagabanyijwe igiciro
special offer
umuguzi
customer
ibiva ku mata
dairy
icamwa
fruit
agakinga ko mw' iduka
trolley
FOR

BUTCHERS

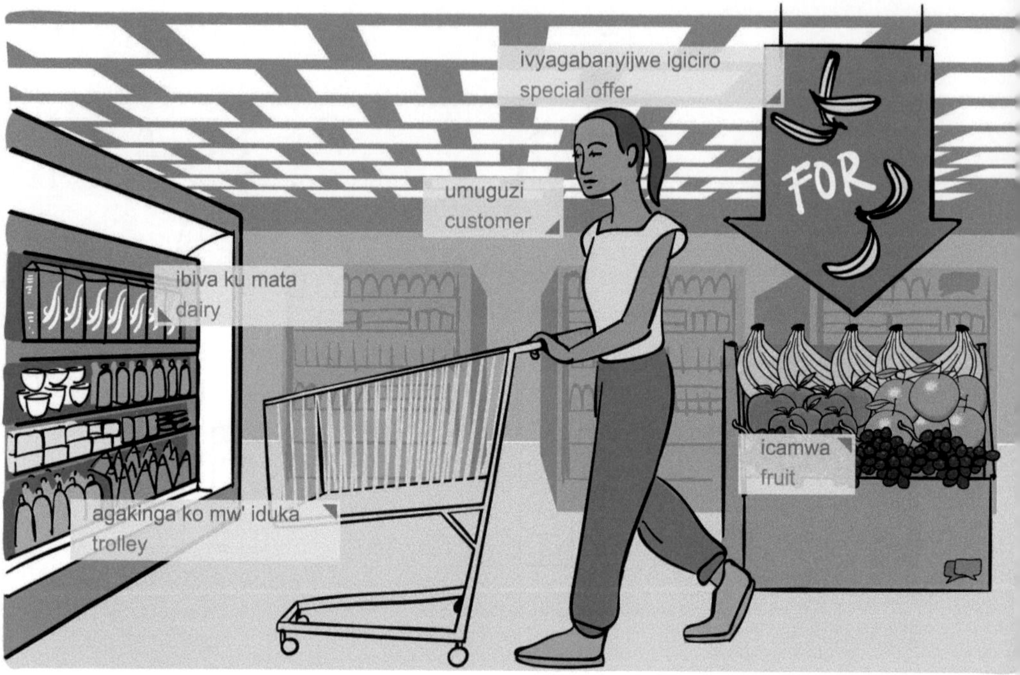

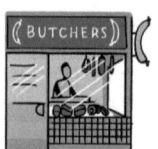

amacuniro

butcher´s

BAKERY

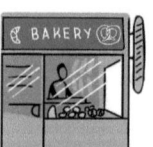

iburangeri

baker´s

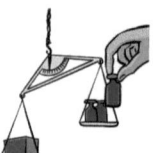

gupima

weigh

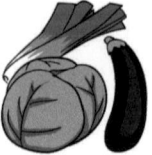

imboga

vegetables

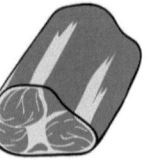

inyama

meat

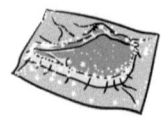

Imfungurwa zikanye cane

frozen food

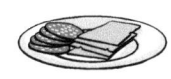

ifungugwa bita charcuterie
en tranches

cold meat

amafunguro yo mu mabwate

tinned food

isabune yo kumesura

washing powder

ibisosa

sweets

ibikoresho vyo muhira

household products

ibikoresho vy'isuku

cleaning products

umudandaza

salesperson

kese

till

umuntu yakira amahera

cashier

urutonde rw' ibidandazwa

shopping list

amasaha yo kugurura

opening hours

ingodomoni

wallet

ikarata y' amahera

credit card

isakoshe

bag

ishakoshe ya parastike

plastic bag

amazi

water

umutobe

juice

amata

milk

koka

coke

umuvinyo

wine

ikiyeri

beer

inzoga

alcohol

kakao

cocoa

icayi

tea

ikawa

coffee

ikawa yitwa espresso

espresso

ikawa yitwa kapucino

cappuccino

umuhwi

banana

ipome

apple

umucungwe

orange

icamwa bita melon

melon

indimu

lemon

ikaroti

carrot

igitungurusumu

garlic

umugano

bamboo

igitunguru

onion

ikizinu

mushroom

ibiyoba

nuts

amakaroni

noodles

spagetti

spaghetti

umuceri

rice

isarade

salad

ifiriti

chips

ifiriti

fried potatoes

piza

pizza

hamburugere

hamburger

sandwich

sandwich

infungugwa bita escalope

cutlet

jambo

ham

salami

salami

isosiso

sausage

inyama y' inkoko

chicken

umusoso

roast

ifi

fish

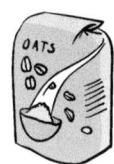

infungugwa bita flocons d' avoine
....
porridge oats

imfungugwa bita müsli
....
muesli

infungugwa bita corn - flakes
....
cornflakes

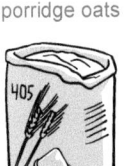

ifarini
....
flour

umukate bita croissant
....
croissant

umukate muto
....
bread roll

umukate
....
bread

umukate bashusha
....
toast

ibisuguti
....
biscuits

amavuta
....
butter

iforomaji yera
....
curd

igato
....
cake

irigi
....
egg

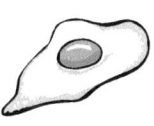

amafunguro bita oeuf au plat
....
fried egg

iformaji
....
cheese

infungugwa bita crème
glacée

ice cream

isukari

sugar

ubuki

honey

ikonfitire

jam

imfungugwa bita praliné

chocolate spread

infungugwa bita curry

curry

ubwororero

farm

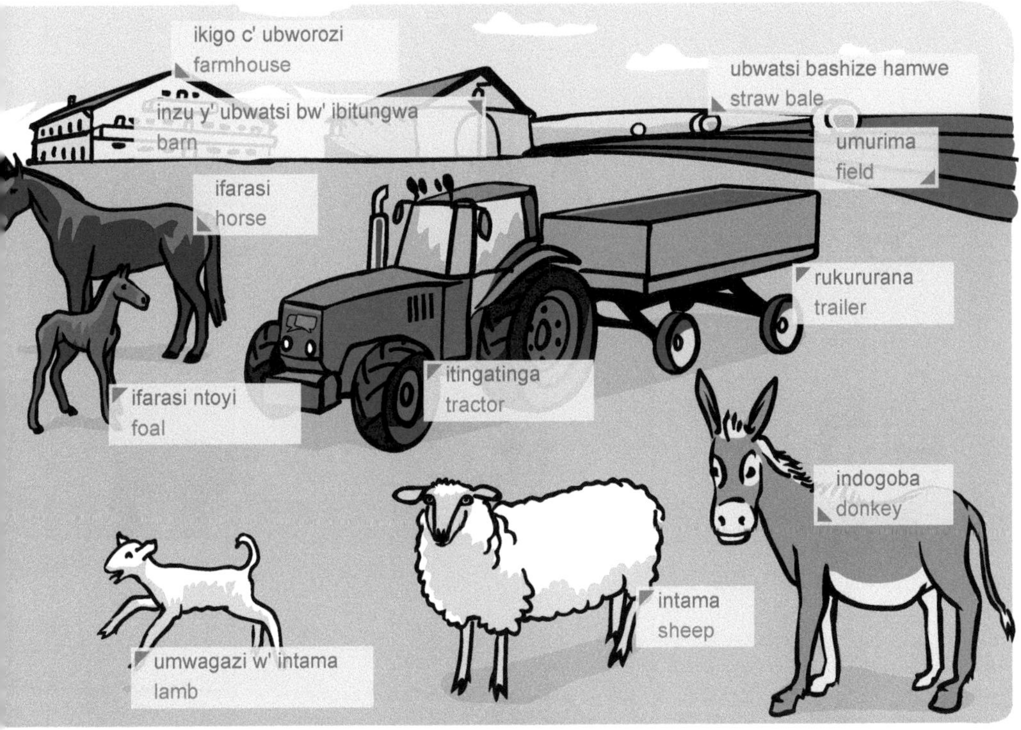

ikigo c' ubworozi
farmhouse
inzu y' ubwatsi bw' ibitungwa
barn
ubwatsi bashize hamwe
straw bale
umurima
field
ifarasi
horse
rukururana
trailer
itingatinga
tractor
ifarasi ntoyi
foal
indogoba
donkey
intama
sheep
umwagazi w' intama
lamb

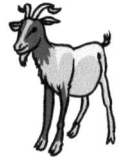

impene

goat

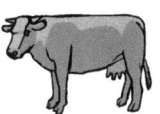

inka

cow

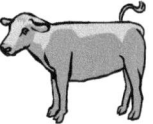

inyana

calf

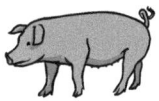

ingurube

pig

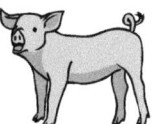

ikibuguru

piglet

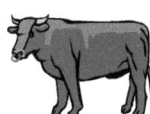

impfizi

bull

inyoni yitwa oie

goose

imbata

duck

umuswi

chick

inkokokazi

hen

isake

cock

imbeba nini

rat

akayabu

cat

imbeba

mouse

ishuri

ox

imbwa

dog

umusaka w'imbwa

doghouse

umuringoti wo kuvomerera
umurima

garden hose

ico bakoresha basukira
amashurwe

watering can

urukero

scythe

majagu

plough

umuhoro
sickle

isuka
hoe

ikinyanyagiza ibitabizo irya n'ino
pitchfork

ishoka
axe

inkorofani
wheelbarrow

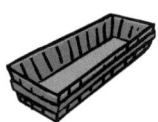

ubwato
trough

icansi
milk can

umufuko
sack

urugo
fence

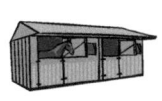

indaro y' ibitungwa
stable

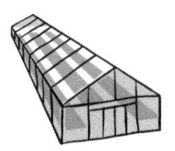

utuzu bashusha kugirango ibimera birimwo bikure
greenhouse

isi
soil

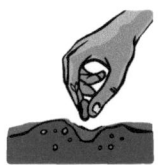

imbuto
seed

ifumbire
fertilizer

imashini yimbura
combine harvester

kwimbura

harvest

umwimbu

harvest

infungugwa bita igname

yams

ingano

wheat

isoya

soy

ikiraya

potato

ikigori

corn

ubwoko bw' ingano bita colza

rapeseed

igiti c' ivyamwa

fruit tree

imyumbati

cassava

ibinyantete

cereals

inzu
house

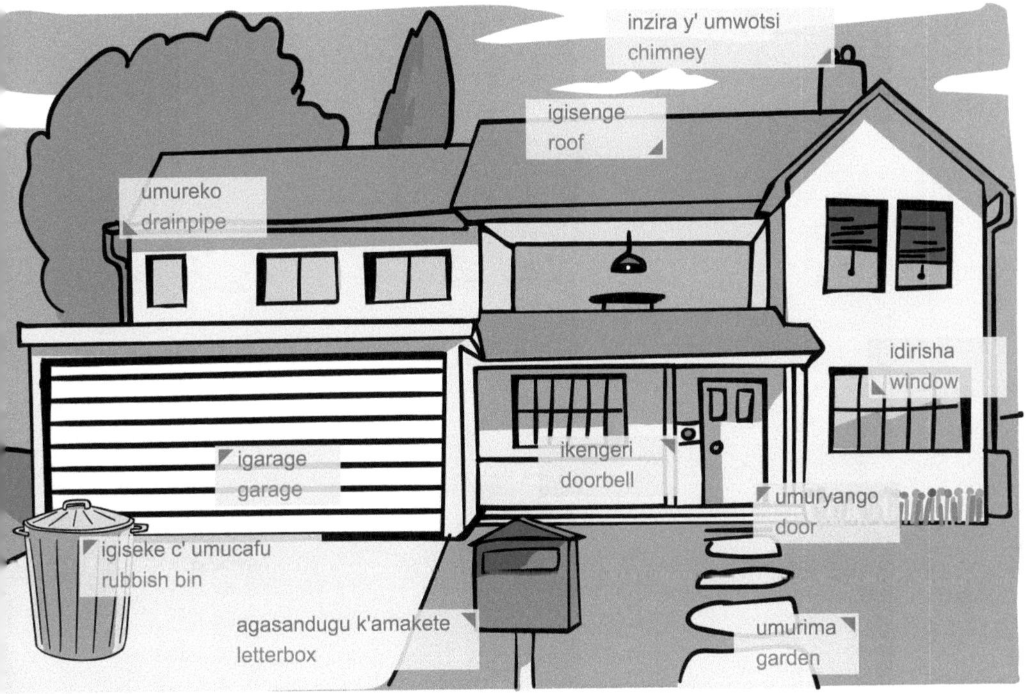
inzira y' umwotsi
chimney
igisenge
roof
umureko
drainpipe
idirisha
window
ikengeri
doorbell
igarage
garage
umuryango
door
igiseke c' umucafu
rubbish bin
agasandugu k'amakete
letterbox
umurima
garden

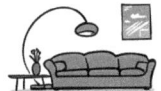

isaro

living room

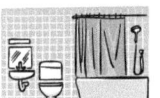

ubwogero

bathroom

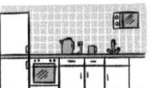

igikoni

kitchen

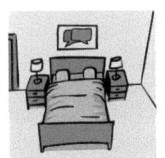

icumba co kuraramo

bedroom

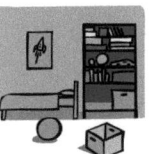

icumba c' umwana

child's room

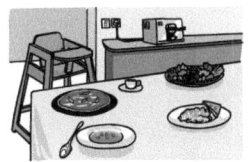

uburiro

dining room

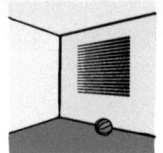

hasi

floor

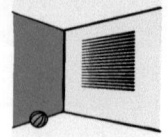

uruhome

wall

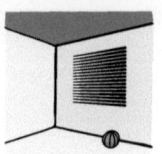

igisenge c' inzu

ceiling

kave

cellar

sauna

sauna

ibaraza

balcony

ibaraza

terrace

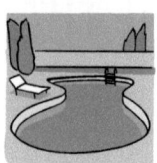

aho bogera

pool

itondezi

lawn mower

igikaratasi

sheet

uburengeti

bedspread

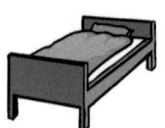

uburiri

bed

umweyerezo

broom

indobo

bucket

akabuto

switch

isaro
living room

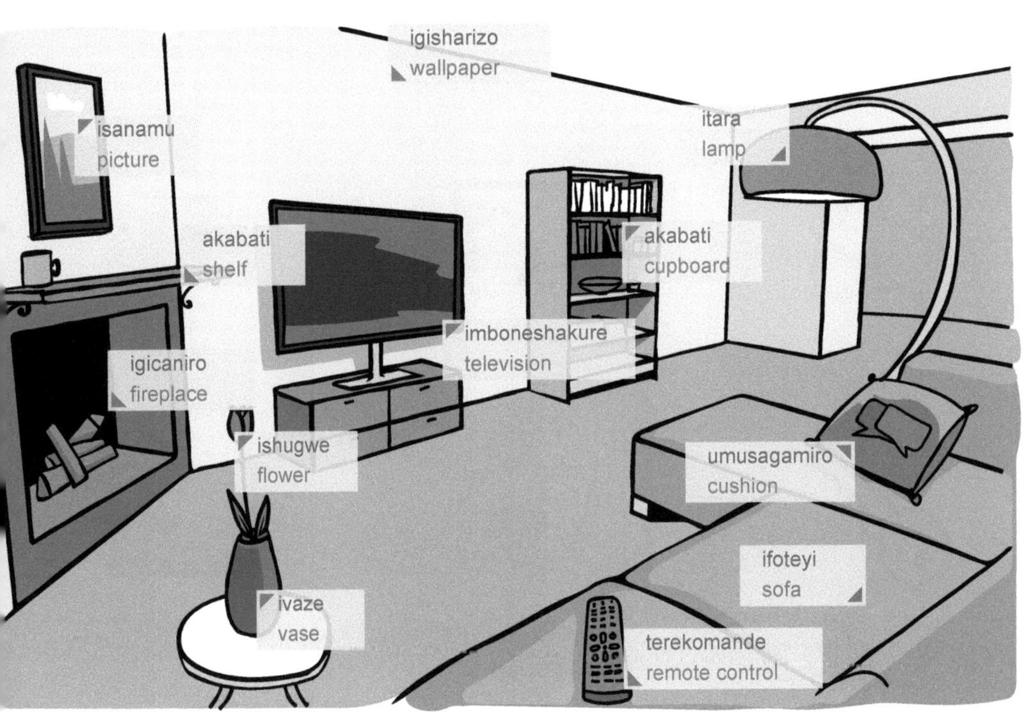
igisharizo
wallpaper
isanamu
picture
itara
lamp
akabati
shelf
akabati
cupboard
imboneshakure
television
igicaniro
fireplace
ishugwe
flower
umusagamiro
cushion
ifoteyi
sofa
ivaze
vase
terekomande
remote control

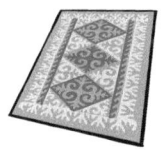

itapi
carpet

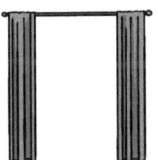

irido
curtain

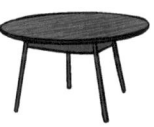

ameza
table

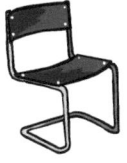

intebe
chair

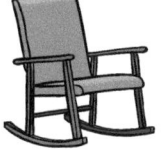

intebe icundera
rocking chair

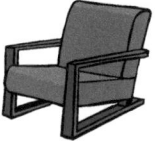

ifoteyi
armchair

igitabo

book

ikirengeti

blanket

ibitako

decoration

inkwi

firewood

ireresi

film

ivyuma vy' umuziki

hi-fi equipment

urufunguruzo

key

ikinyamakuru

newspaper

gusiga amarangi

painting

isanamu nini

poster

insamirizi

radio

ikaye ndangaminsi

notepad

asipirateri

hoover

icimera bita cactus

cactus

ibuji

candle

igikoni
kitchen

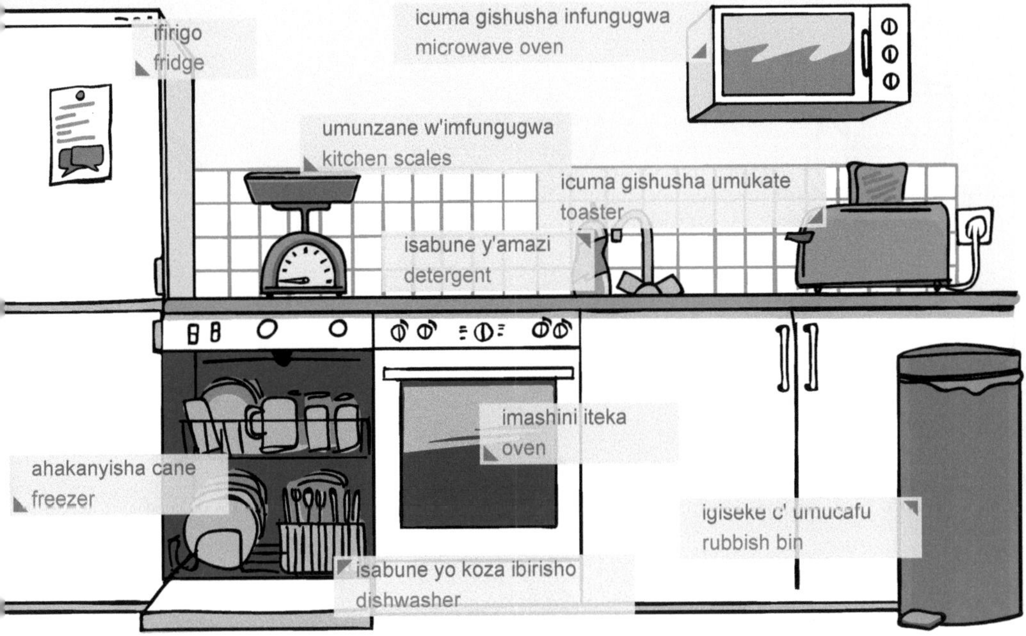

ifirigo
fridge
icuma gishusha infungugwa
microwave oven
umunzane w'imfungugwa
kitchen scales
icuma gishusha umukate
toaster
isabune y'amazi
detergent
imashini iteka
oven
ahakanyisha cane
freezer
igiseke c' umucafu
rubbish bin
isabune yo koza ibirisho
dishwasher

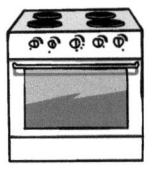

ishiga

cooker

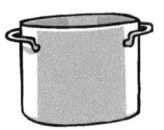

isafuriya

pot

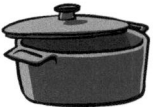

isafuriya y' icuma

cast-iron pot

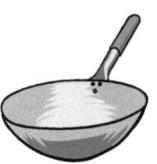

ipanu bita wok

wok / kadai

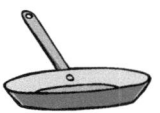

ipanu

pan

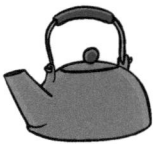

akuma gashusha amazi

kettle

isafuriya itekesha umuhisha

steamer

ico bakorerako imikate

baking tray

ibirisho

crockery

igikombe

mug

ibakure

bowl

uduti two kurisha

chopsticks

icaruzo c' isupu

ladle

ikimamiro

spatula

agakubitisho

whisk

imashini isya ibifungurwa

strainer

akayunguruzo

sieve

agakatakata imfungugwa

grater

agasekuro

mortar

icokerezo

barbecue

urucaniro

open fire

urubaho rwo gukatirako

chopping board

akabaho bakoresha spageti

rolling pin

urupfunguzo rw'umuvinyu

corkscrew

agasandugu

can

urupfunguzo rw'agasandugu

can opener

ivyo gufatisha isafuriya ishushe

pot holder

icogerezo

sink

uburoso

brush

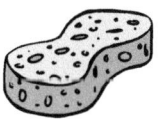

ivyogesho

sponge

imigiseri

blender

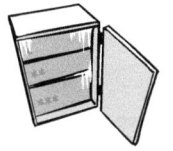

frigo nini ikanyisha cane

deep freezer

bibero

baby bottle

ivomo

tap

ubwogero
bathroom

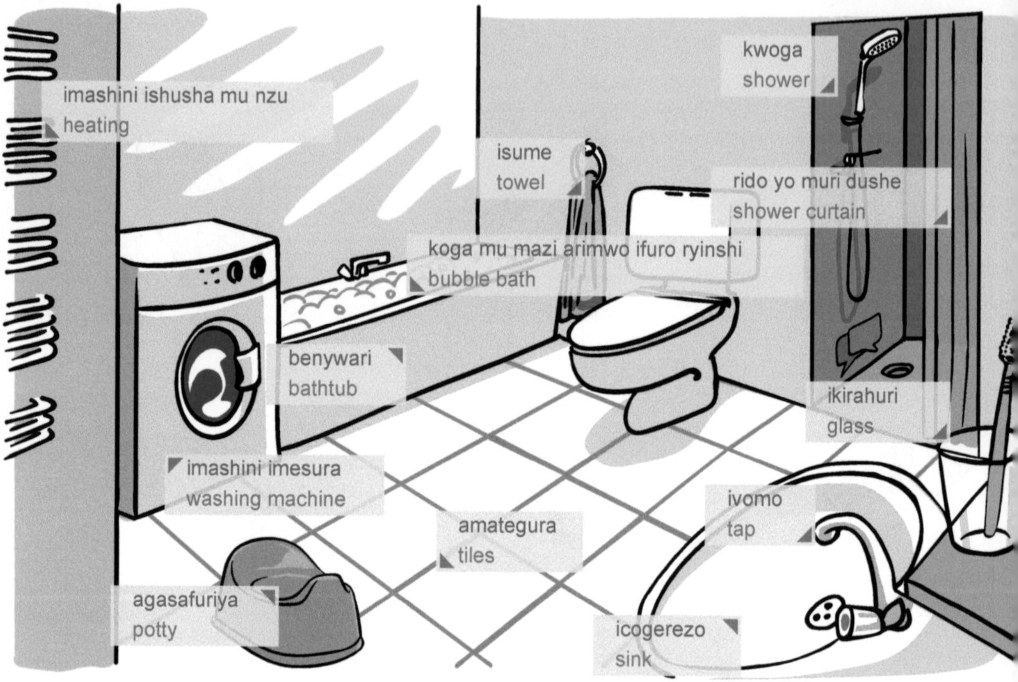

imashini ishusha mu nzu
heating
isume
towel
kwoga
shower
rido yo muri dushe
shower curtain
koga mu mazi arimwo ifuro ryinshi
bubble bath
benywari
bathtub
ikirahuri
glass
imashini imesura
washing machine
ivomo
tap
amategura
tiles
agasafuriya
potty
icogerezo
sink

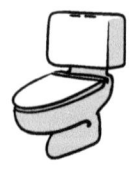

Akazu ka surwumwe

toilet

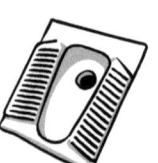

akazu ka surwumwe k'ikirundi

squat toilet

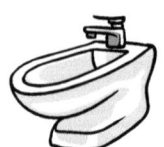

akantu gatoya bogeraho

bidet

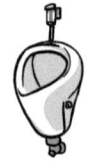

aho basoba

urinal

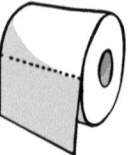

ibikaratatse vyo kwi sukuza mu nzu ya surwumwe

toilet paper

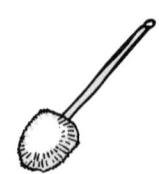

uburoso bwoza akazu ka surwumwe

toilet brush

umujigiti

toothbrush

umuti wo koza amenyo

toothpaste

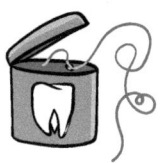

utugozi two gusukura
amenyo

dental floss

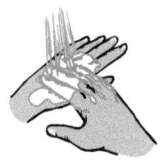

koza

wash

ikinyuko

handheld shower

ubwoko bwa dushe

douche

ico bakarabiramo intoki

basin

uburoso busukura mu
mugongo

back brush

isabune

soap

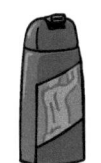

isabuni yo kwoga

shower gel

shampo

shampoo

agatambara ko kwisukura

flannel

umuringoti

drain

amavuta yo kwisiga

cream

iparufe yo mu kwaha

deodorant

icirore

mirror

icirore

hand mirror

imashini imwa ubwanwa

razor

ifuro ryo kumwa ubwanwa

shaving foam

umuti basiga aho bamoye

aftershave

igisokozo

comb

uburoso

brush

akuma kumutsa umushatsi

hair dryer

amavuta bapuriza mu
mushatsi

hairspray

ibikoresho vyo kwipodora

makeup

amavuta afise ibara yo
k'umunywa

lipstick

verni y'inzara

nail varnish

ipampa

cotton wool

umukasi uca inzara

nail scissors

iparufe

perfume

agasaho k' ivyo kwisukura
ku rugendo

washbag

agatebe

stool

umunzane

weighing scale

penywari

bathrobe

udufuko tw' intoke iyo
bakora isuku

rubber gloves

kotegisi

tampon

kotegisi

sanitary towel

ubwoko bw'akazu ka
surwumwe

chemical toilet

icumba c' umwana

child's room

isaha ivyura
alarm clock
agakoko k' agapupe
cuddly toy
ikijuwe c' umuduga
toy car
ikijuwe c' ibibondo bita hochet
rattle
inzu badandaza amapupe
doll's house
akaganuke
present

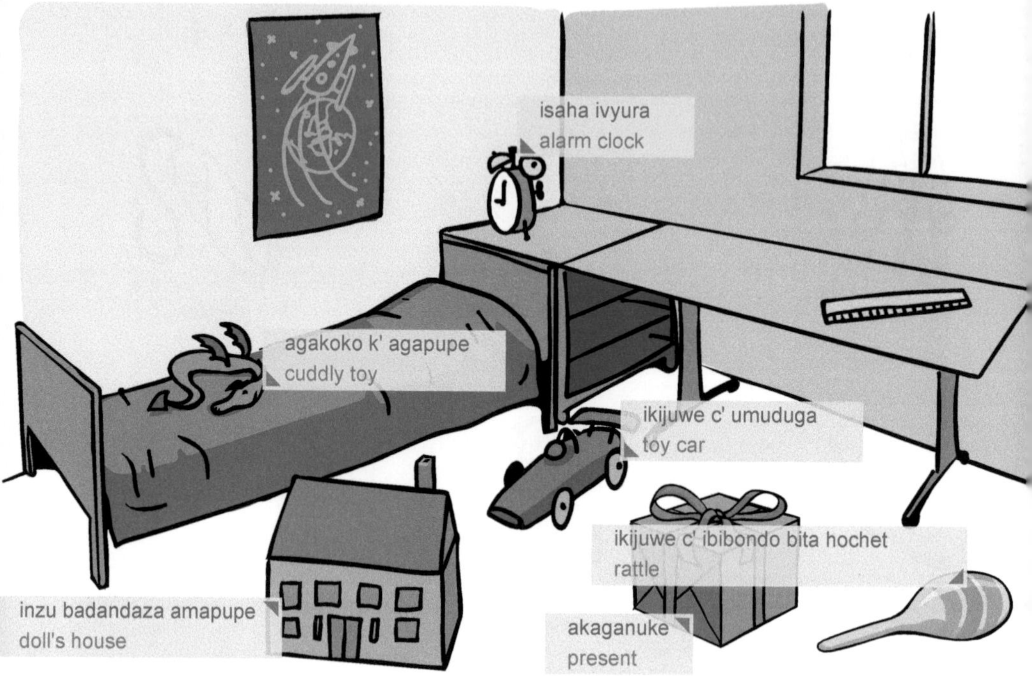

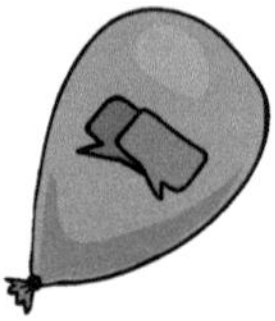

igipurizo

balloon

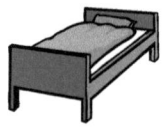

uburiri

bed

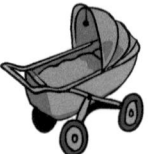

pram

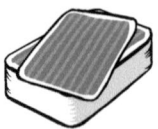

urukino rw' ikarata

deck of cards

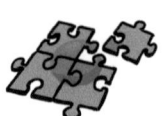

urukino bita puzile

jigsaw

SUPER
MEGA

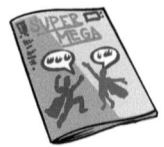

ibitabo vy' amashusho

comic

urukino bita lego

lego bricks

ibijuwe vyo kubaka

building blocks

ipupe

action figure

impuzu yo kurarana y abana

babygrow

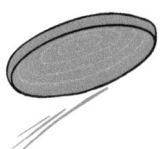

urukino bita frisbi

frisbee

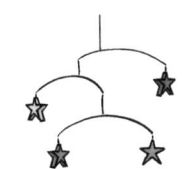

udukinisho two ku buriri bw' ibibondo

mobile

urukino rwo kumeza

board game

agakinisho bita de

dice

gari ya moshi z' ibikinisho

model train set

madanganya

dummy

umunsi mukuru

party

igitabo c' ibicapo

picture book

umupira

ball

igipupe

doll

gukina

play

icumba c' umwana - child's room

43

umusenyi abana bakiniramwo

sandpit

uruvuma

swing

ikijuwe

toys

urukino nyabwonko

video game console

ikinga ry'amapine atatu

tricycle

igikoko bita ours c 'ikijuwe

teddy bear

akabati k' impuzu

wardrobe

impuzu

clothing

amashesheti

socks

amashesheti maremare

stockings

ubwoko bw'impuzu zifata kandi zigaruka cane

tights

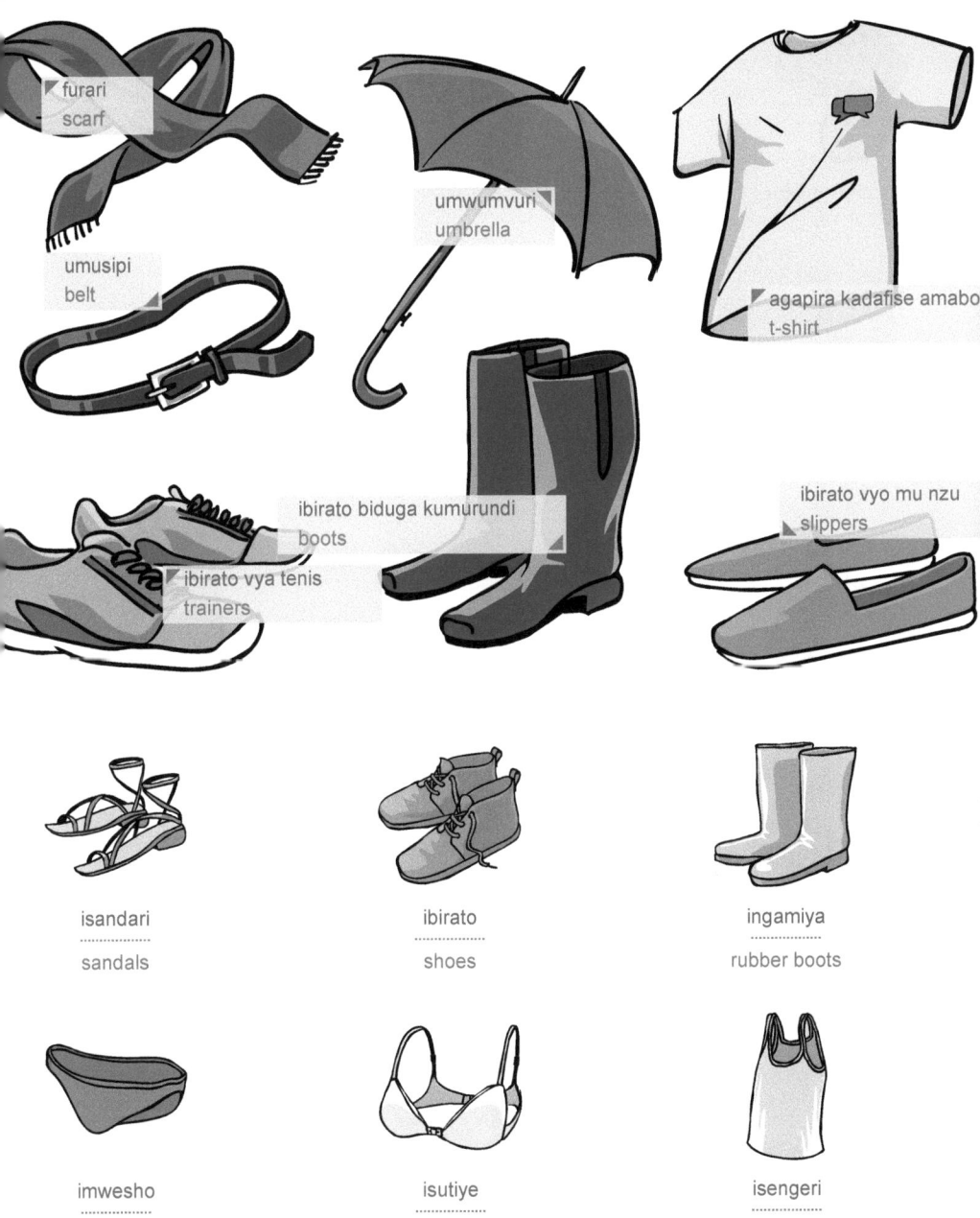

furari
scarf

umwumvuri
umbrella

umusipi
belt

agapira kadafise amabok
t-shirt

ibirato biduga kumurundi
boots

ibirato vyo mu nzu
slippers

ibirato vya tenis
trainers

| isandari | ibirato | ingamiya |
| sandals | shoes | rubber boots |

| imwesho | isutiye | isengeri |
| underpants | bra | vest |

impuzu z' imbere

body

ipantaro

trousers

ijinisi

jeans

ijipo

skirt

agashati koroshe kabagore

blouse

ishati

shirt

umupira w' imbeho

pullover

umupira w'imbeho ufise
inkofero

hoodie

blazeri

blazer

ikoti

jacket

ikoti rirerire

coat

ikoti y'imvura

raincoat

kositime

costume

ikanzu

dress

ikazu y'umugeni

wedding dress

kositime

suit

ikanzu yo kurarana

nightgown

impuzu z' ijoro

pyjamas

imvutano z'abahindi

sari

igitambara co mu mutwe

headscarf

igitambara co mu mutwe
bita turban

turban

impuzu z' abasiramukazi

burqa

ikanzu bita kaftan

kaftan

impuzu y' abasiramu

abaya

impuzu yo kogana

swimsuit

impuzu yo kwogana
y'abagabo

trunks

imwesho

shorts

itereningi

tracksuit

itaburiya

apron

udufuko tw' intoke

gloves

igifungo

button

amarori

glasses

igikomo

bracelet

akadede

necklace

impeta

ring

ihereni

earring

inkofero

cap

porutemanto

coat hanger

inkofero

hat

karavate

tie

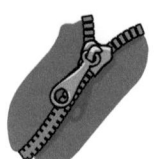

imashini

zip

inkofero yo kwikingira

helmet

imisipi

braces

impuzu y' ishure

school uniform

umwambaro rusangi
w'ahantu

uniform

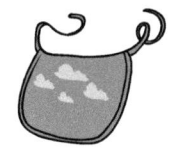

ıtwo bambika ibibondo iyo birya

bib

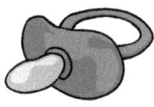

madanganya

dummy

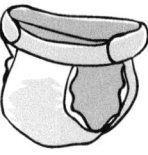

iranje

nappy

ibiro

office

seriveri
server
akabati k' ivyangombwa
filing cabinet
rukaratasi
aper
empirimante
printer
ekra
monitor
suri
mouse
ameza yo kwandikirako
desk
ico bashiramwo ivyangombwa
folder
karaviye
keyboard
seke bajugunyamo amakaratasi
te-paper basket
nyabwonko
computer
intebe
chair

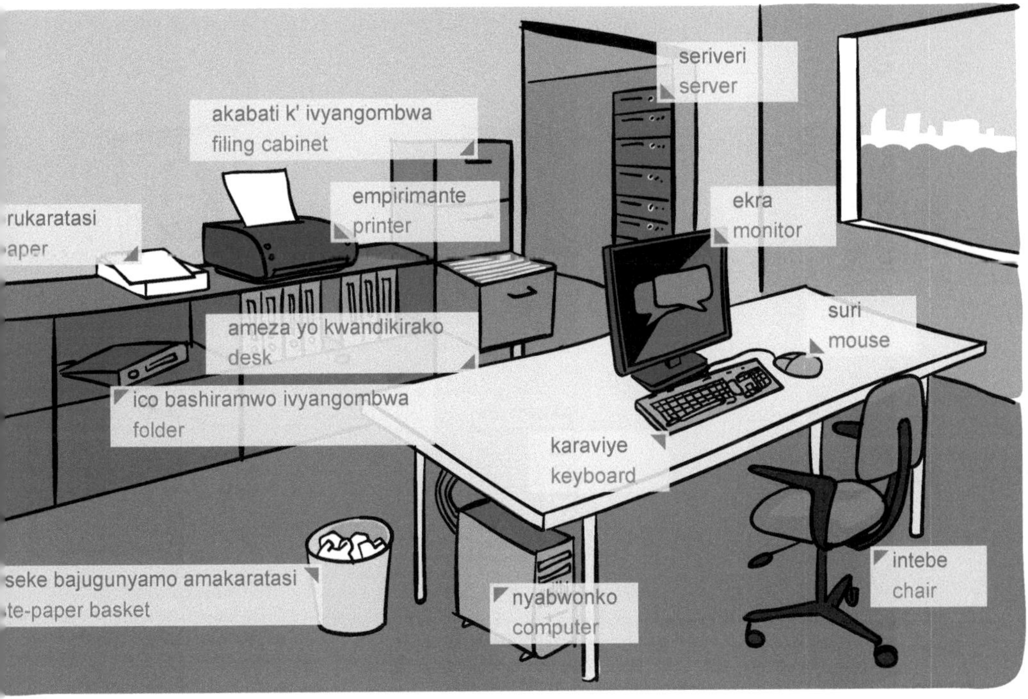

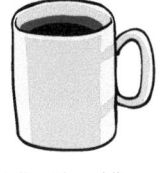

igikombe c' ikawa

coffee mug

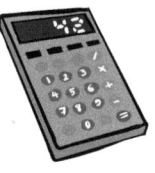

imashini iharura

calculator

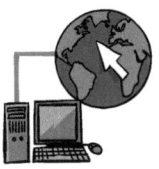

ubuhinga ngurukanabumenyi

internet

inyabwonko ngendanwa

laptop

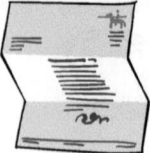

ikete

letter

ubutumwa

message

telefoni ngendanwa

mobile

rezo

network

fotokopiyeze

photocopier

rojisiyeri

software

telefoni

telephone

purize

plug socket

fagisi

fax machine

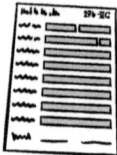

urukaratasi rwo kuzuza

form

icangombwa

document

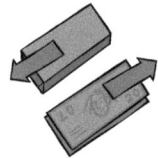

kugura

buy

kuriha

pay

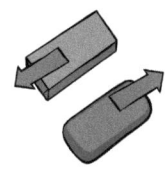

kudandaza

trade

amahera

money

idorari

dollar

iyero

euro

iyene

yen

amahera y' abarusiya

rouble

amahera y' abasuwisi

Swiss franc

amahera bita renmimbi yuan

renminbi yuan

amahera bita rupi

rupee

icuma gitanga amahera

cashpoint

ku bavunjayi

bureau de change

inzahabu

gold

umujumbu

silver

ipeteroli

oil

inguvu

energy

ikiguzi

price

amasezerano

contract

amakori

tax

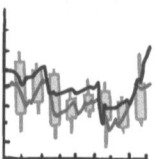

igice

stock

gukora

work

umukozi

employee

umukoresha

employer

ihinguriro

factory

akaduka

shop

imirimo
occupations

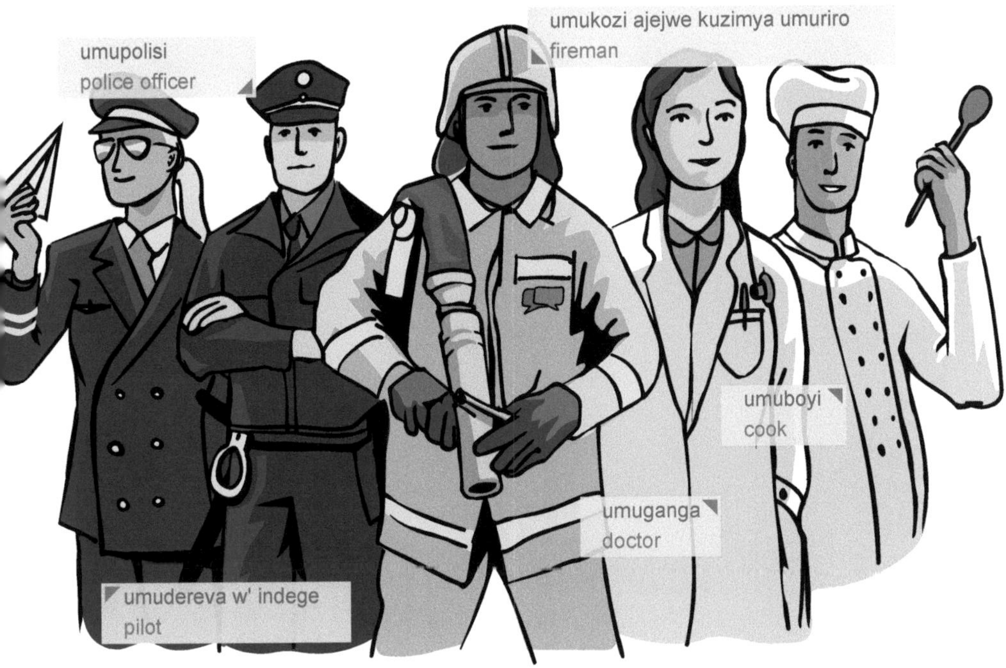
umupolisi
police officer
umukozi ajejwe kuzimya umuriro
fireman
umuboyi
cook
umuganga
doctor
umudereva w' indege
pilot

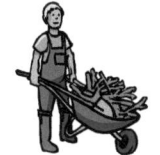

umukozi akora murikarima

gardener

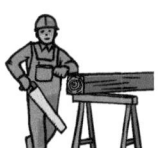

umubaji

carpenter

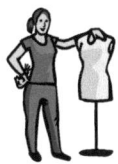

umushonyi

seamstress

umucamanza

judge

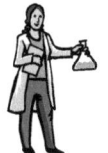

umuhinga mu vya chimie

chemist

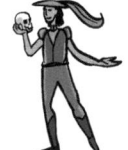

umukinyi w'amareresi

actor

umudereva w' ibisi

bus driver

umudereva w' itagisi

taxi driver

umurovyi

fisherman

umuzezwanzukazi

cleaning lady

sharupantiye

roofer

umukozi wo muburiro n'ubunywero

waiter

umuhigi

hunter

umufundi w' amarangi

painter

umuntu akora imikate

baker

umufundi w' amatara

electrician

umwubatsi

builder

enjeniyeri

engineer

umuyangayanga

butcher

umufundi w' amazi

plumber

umuparanto

postman

umusoda

soldier

umuntu acapa inyubako

architect

umuntu yakira amahera

cashier

mukozi ajejwe amashugwe

florist

kimyozi

hairdresser

kontororeri

conductor

umufundi w' imiduga

mechanic

umudereva w' ubwato

captain

umuganga w' amenyo

dentist

umuhinga mu vya siyansi

scientist

umuhinga mu bayahudi bita
rabi

rabbi

imame

imam

umuvugiramana

monk

umuvugiramana

clergyman

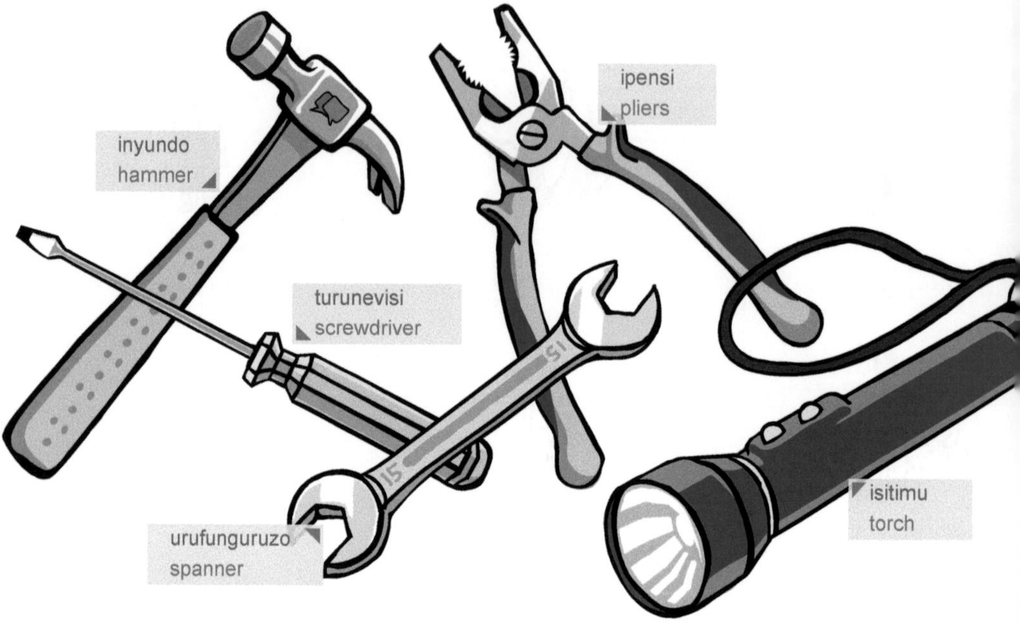

inyundo
hammer

ipensi
pliers

turunevisi
screwdriver

urufunguruzo
spanner

isitimu
torch

tingatinga

digger

isaho y' ibikoresho

toolbox

ingazi

ladder

umusumeno

saw

imisumari

nails

icuma bita foreuse

drill

gukora
....
repair

igipawa
....
shovel

asyi!
....
Damn!

agaterura umucafu
....
dustpan

indobo y' irangi
....
paint pot

ivis
....
screws

ivyuma vyo gucuraranga
musical instruments

icuma ca musika bita batterie
drum kit

icuma bita Haut parleur
loudspeaker

igitari
guitar

icuma ca musika bita contrebasse
double bass

icuma ca musika bita trompette
trumpet

icuma ca musika bita piano

piano

icuma ca musika bita violon

violin

gitare icuranga Bass

bass

icuma ca musika bita timbale

timpani

ingoma

drums

icuma ca musika bita piano electrique

keyboard

icuma ca musika bita saxophone

saxophone

umwirongi

flute

mikoro

microphone

iratiro ry' ibikoko

zoo

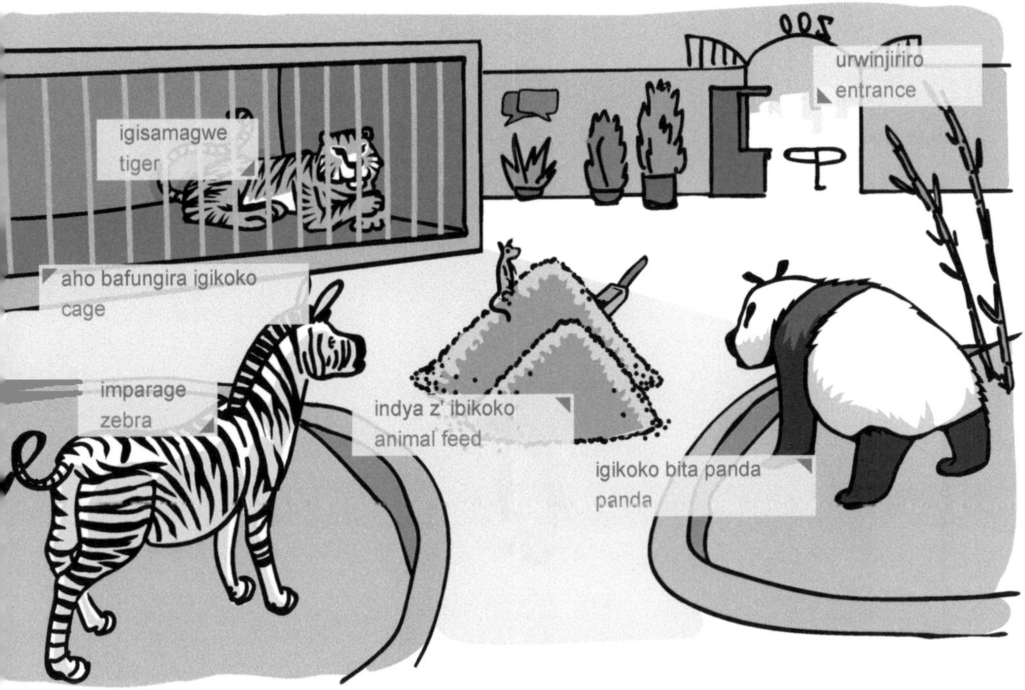

urwinjiriro
entrance
igisamagwe
tiger
aho bafungira igikoko
cage
imparage
zebra
indya z' ibikoko
animal feed
igikoko bita panda
panda

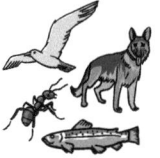

ibikoko

animals

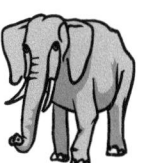

inzovu

elephant

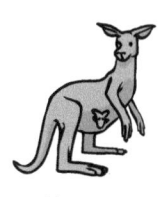

Kanguru

kangaroo

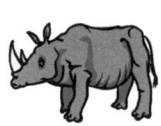

igikoko bita Rhynoceros

rhino

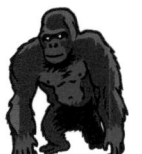

inguge

gorilla

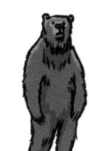

igikoko bita ours

bear

ingamiya

camel

inyoni bita autriche

ostrich

intare

lion

inkende

monkey

inyoni bita flamant rose

flamingo

gasuku

parrot

igikoko bita ours blanc

polar bear

inyoni bita pinguin

penguin

ifi bita requin

shark

inyoni bita paon

peacock

inzoka

snake

ingona

crocodile

umurinzi w' iratiro ry' ibikoko

zookeeper

igikoko bita phoque

seal

igikoko bita jaguar

jaguar

ɔwoko bw' ifarasi bita pony

pony

ingwe

leopard

imvubu

hippo

umusumbarembo

giraffe

agaca

eagle

ingurube y' ishamba

boar

ifi

fish

akanyamasyo

turtle

igikoko bita morse

walrus

imbwebwe

fox

ingeregere

gazelle

urukino rwa football yo muri amerika
American football

ugusiganwa ku makinga
cycling

urukino rwa tennis
tennis

urukino rwa basketball
basketball

koga
swimming

urukino rw' ingumu
boxing

urukino rwa ice-hockey
ice hockey

umupira w'amaguru
football

urukino rwa badminton
badminton

ubunonotsi
athletics

urukino rwa handball
handball

urukino rwa ski
skiing

urukino rwa Polo
polo

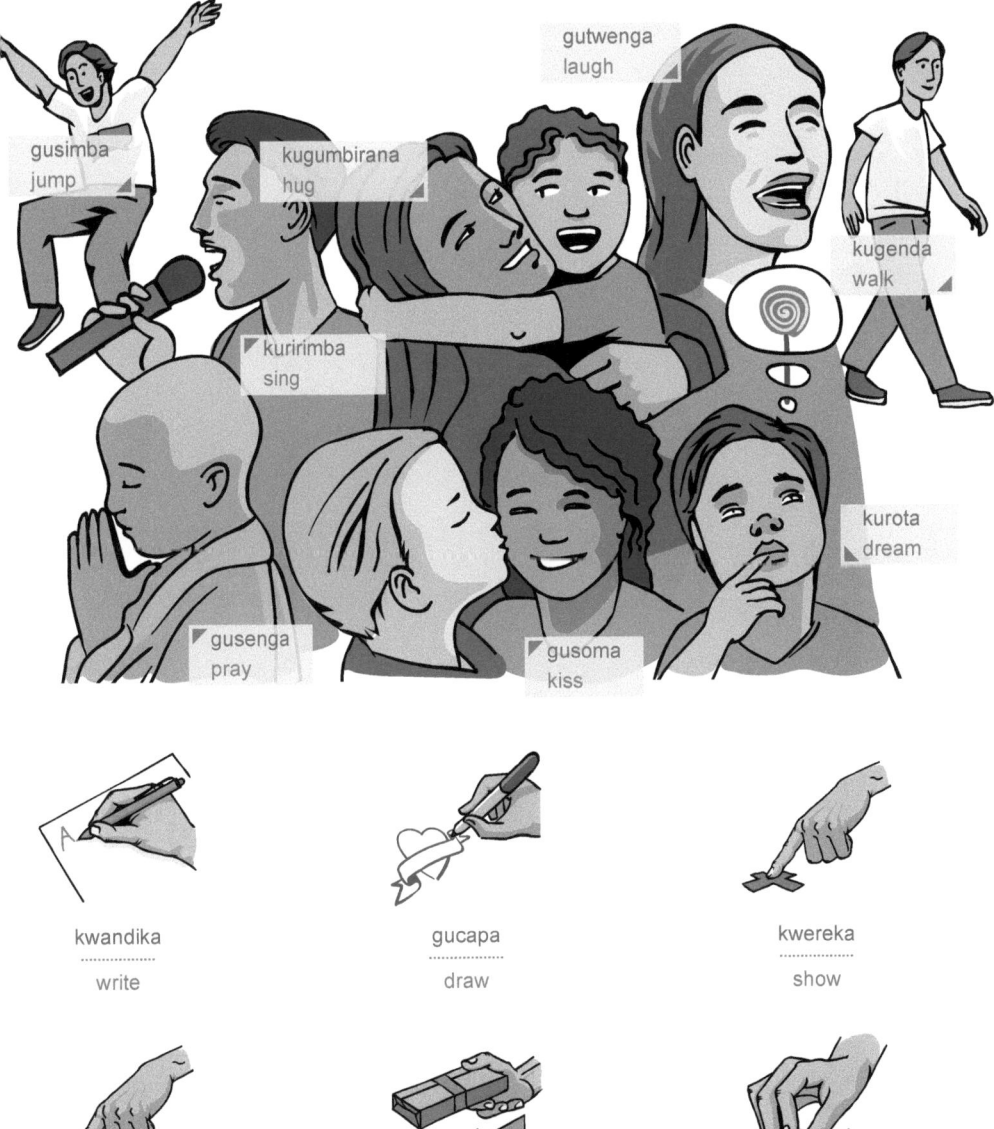

gutwenga
laugh

gusimba
jump

kugumbirana
hug

kugenda
walk

kuririmba
sing

kurota
dream

gusenga
pray

gusoma
kiss

kwandika
write

gucapa
draw

kwereka
show

gusuguma
push

gutanga
give

gutora
take

kugira

have

kugira

do

kuba

be

guhagarara

stand

kwiruka

run

gukwega

pull

guta

throw

gutemba

fall

kurambarara hasi

lie

kurindira

wait

gutwara

carry

kwicara

sit

kwambara

get dressed

kuryama

sleep

kuvyuka

wake up

kuraba

look at

kurira

cry

kwagaza

stroke

gusokoza

comb

kuvuga

talk

gutahura

understand

kubaza

ask

kumviriza

listen

kunywa

drink

gufungura

eat

gutondeka

tidy up

gukunda

love

guteka

cook

gutwara

drive

kuguruka

fly

kugira siporo bita voile

sail

guharura

calculate

gusoma

read

kwiga

learn

gukora

work

kurongora

marry

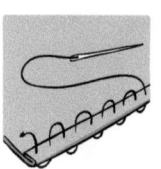

gushona

sew

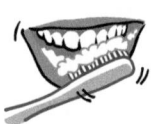

kwijigitura

brush teeth

kwica

kill

kunywa itabi

smoke

kurungika

send

nyokuru
grandmother

sokuru
grandfather

data
father

mama
mother

ikobondo
baby

umukobwa
daughter

umuhungu
son

umushitsi

guest

masenge

aunt

marume

uncle

musaza w' umuntu

brother

mushiki w' umuntu

sister

umubiri

body

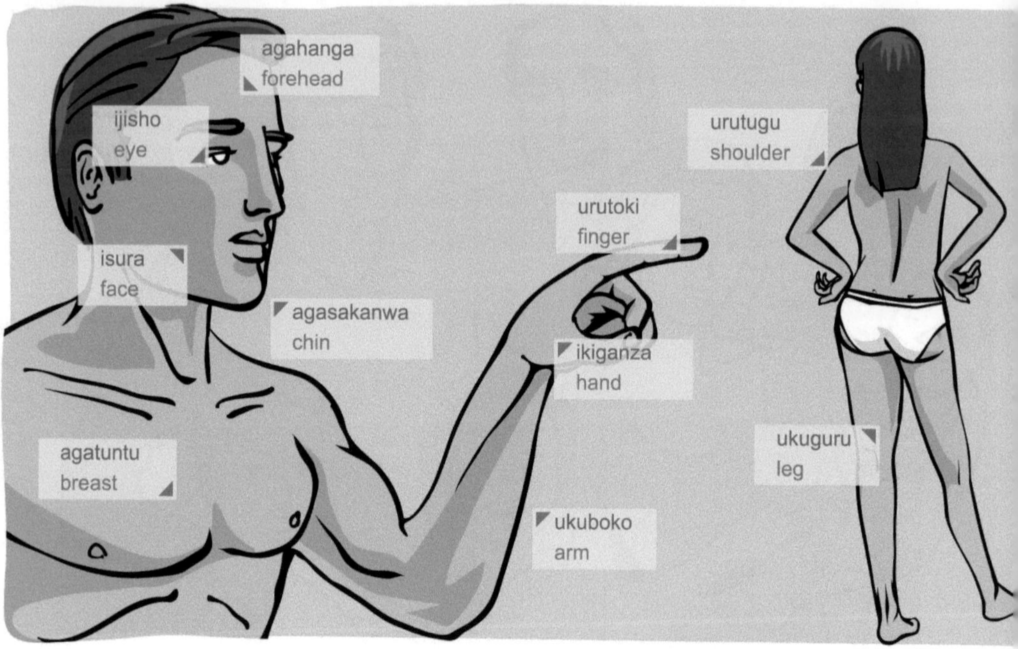

agahanga
forehead

ijisho
eye

urutugu
shoulder

urutoki
finger

isura
face

agasakanwa
chin

ikiganza
hand

agatuntu
breast

ukuguru
leg

ukuboko
arm

ikobondo

baby

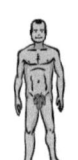

umugabo

man

umugore

woman

umwigeme

girl

umuhungu

boy

umutwe

head

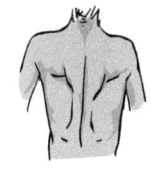

umugongo

back

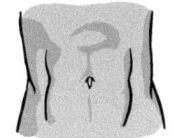

inda

belly

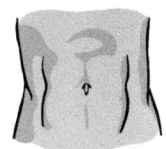

umukondo

belly button

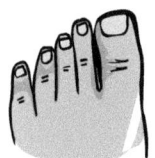

ino

toe

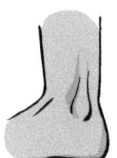

agatsintsiri

heel

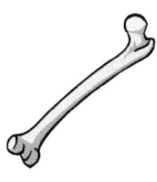

igufa

bone

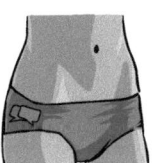

ku mafyigo

hip

ivi

knee

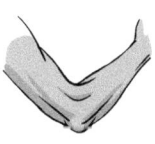

inkokora

elbow

izuru

nose

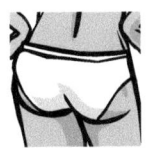

igisusu

bottom

urukoba

skin

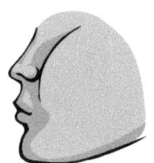

itama

cheek

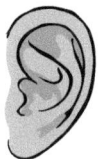

ugutwi

ear

umunwa

lip

umubiri - body

umunwa

mouth

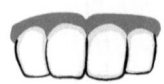

iryinyo

tooth

ururimi

tongue

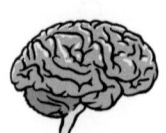

ubwonko

brain

umutima

heart

umutsi

muscle

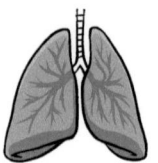

ihaha

lung

igitigu

liver

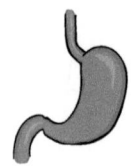

umushishito

stomach

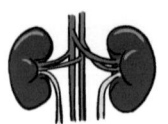

amafyigo

kidneys

kurangura amabanga
y'abubatse

sex

agapfuko

condom

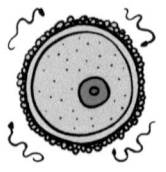

imbuto y' umugore

ovum

imbuto y'umugabo

semen

imbanyi

pregnancy

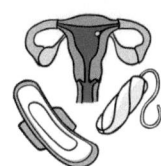

kuja mu kwezi

menstruation

igituba

vagina

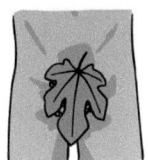

imboro

penis

ingohe

eyebrow

umushatsi

hair

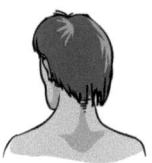

izosi

neck

ibitaro
hospital

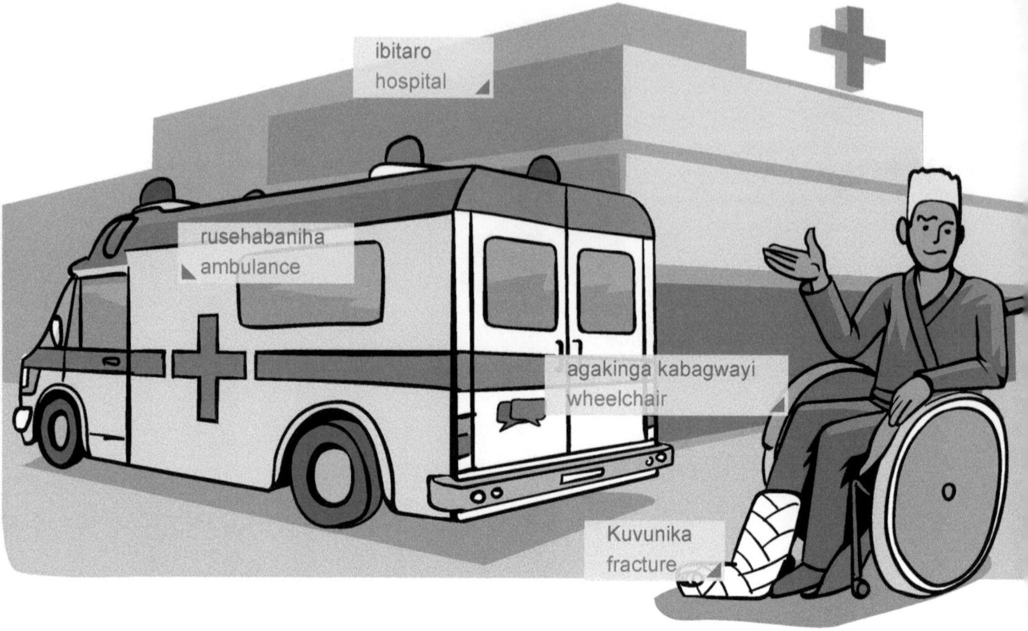

ibitaro
hospital
rusehabaniha
ambulance
agakinga kabagwayi
wheelchair
Kuvunika
fracture

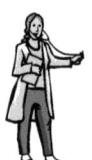

umuganga
doctor

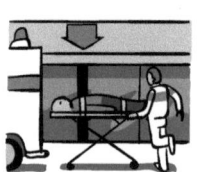

mundembe
emergency room

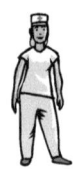

umuforomokazi
nurse

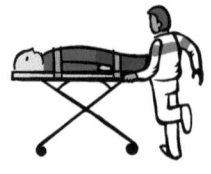

irijanse
emergency

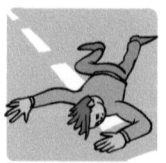

guta ubwenge
unconscious

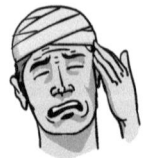

ububabare
pain

igikomere

injury

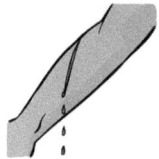

kuva amaraso

bleeding

uguhagarara k' umutima

heart attack

kuvira indani

stroke

guhurirwa

allergy

inkorora

cough

ubushuhe bw'umubiri

fever

giripe

flu

gucibwamwo

dlarrhoea

kumeneka umutwe

headache

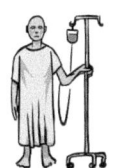

Kanseri

cancer

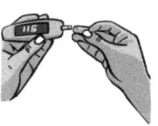

Diyabeti

diabetes

muganga ajejwe kubaga

surgeon

akuma ka muganga ubaga

scalpel

kubagwa

operation

sikaneri

CT

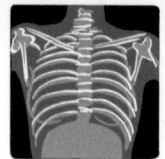

radiyografi

x-ray

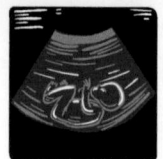

ekografi

ultrasound

masike

face mask

indwara

disease

aho kurindirira

waiting room

icishimikizo

crutch

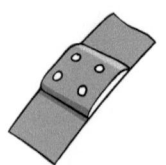

gufuka igikomere

plaster

gufuka igikomere

bandage

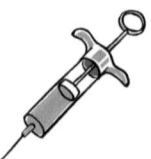

gutera urushinge

injection

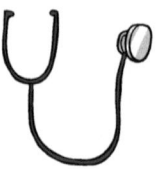

icuma cumviriza amahaha n'umutima

stethoscope

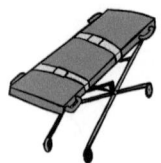

ingovyi

stretcher

igipima umuriro w' umubiri

clinical thermometer

kuvuka

birth

umuvyibuho urengeje

overweight

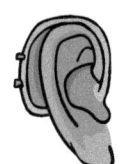

igifasha umuntu kumva
neza
....
hearing aid

imiti y' ibikomere
....
disinfectant

kwandura
....
infection

umugera
....
virus

umugera wa sida
....
HIV / AIDS

ubuvuzi
....
medicine

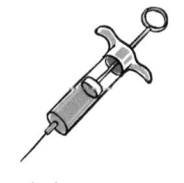

guhabwa urucanco
....
vaccination

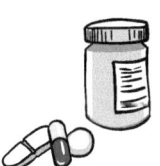

ibinini
....
tablets

ikinini mbonezamvyaro
....
pill

telefone itabaza
....
emergency call

igipima umuvuduko w'
amaraso
....
blood pressure monitor

arwaye / akomeye
....
ill / healthy

muntabare!

Help!

ikengere

alarm

igitero

assault

igitero

attack

ibihe bikomeye

danger

icanzo

emergency exit

umuriro!

Fire!

ikizimyamwoto

fire extinguisher

isanganya

accident

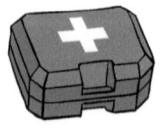

isanduku y' ubutabazi

first-aid kit

ubutabazi

SOS

igipolisi

police

Buraya

Europe

Uburaruko bw' amerika

North America

Ubumanuko bw' amerika

South America

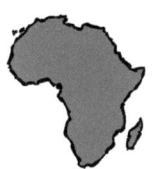

Afurika

Africa

Aziya

Asia

Ositarariya

Australia

ibahari y' Antalantika

Atlantic

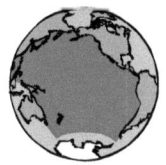

ibahari ya Pasifika

Pacific

ibahari y' Ubuhinde

Indian Ocean

ibahari y' Antaragitika

Antarctic Ocean

ibahari y' Aragitika

Arctic Ocean

Uburaruko bw' umubumbe w' isi

North Pole

Ubumanuko bw' umubumbe
w' isi
....
South Pole

antaragitika
....
Antarctica

isi
....
Earth

isi
....
land

ibahari
....
sea

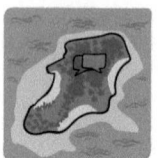

izinga
....
island

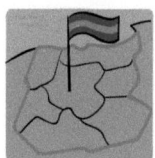

igihugu
....
nation

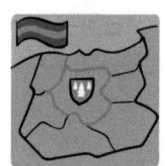

reta
....
state

aho barabira isaha

clock face

urushinge rw' amasaha

hour hand

urushinge rw' iminota

minute hand

urushinge rw' amasegonda

second hand

ni gihe ki?

What time is it?

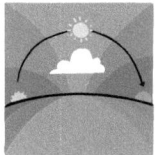

umunsi

day

igihe

time

ubu nyene

now

isaha ya electronique

digital watch

umunota

minute

isaha

hour

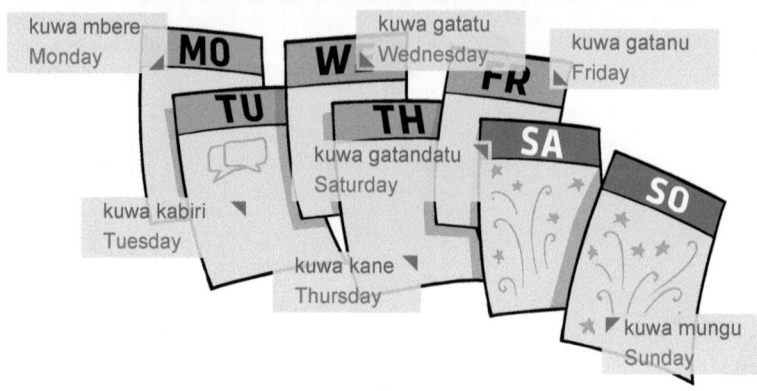

kuwa mbere — Monday
kuwa kabiri — Tuesday
kuwa gatatu — Wednesday
kuwa kane — Thursday
kuwa gatanu — Friday
kuwa gatandatu — Saturday
kuwa mungu — Sunday

ejo haheze

yesterday

ubunyene

today

ejo hazoza

tomorrow

mu gatondo

morning

sasita

noon

ku mugoroba

evening

MO	TU	WE	TH	FR	SA	SU
1	2	3	4	5	6	7
8	9	10	11	12	13	14
15	16	17	18	19	20	21
22	23	24	25	26	27	28
29	30	31	1	2	3	4

iminsi y' ibikorwa

business days

MO	TU	WE	TH	FR	SA	SU
1	2	3	4	5	6	7
8	9	10	11	12	13	14
15	16	17	18	19	20	21
22	23	24	25	26	27	28
29	30	31	1	2	3	4

weekende

weekend

umwaka

year

imvura
rain
umunywamazi
rainbow
umuyaga
wind
urubura
snow
igihe c' umwaka bita printemps
spring
igihe c' umwaka bita Automne
autumn
ici
summer
igihe c' umwaka bita hiver
winter

4.APRIL 11°
5.APRIL 4°
6.APRIL 13°
7.APRIL 8°
8.APRIL 10°

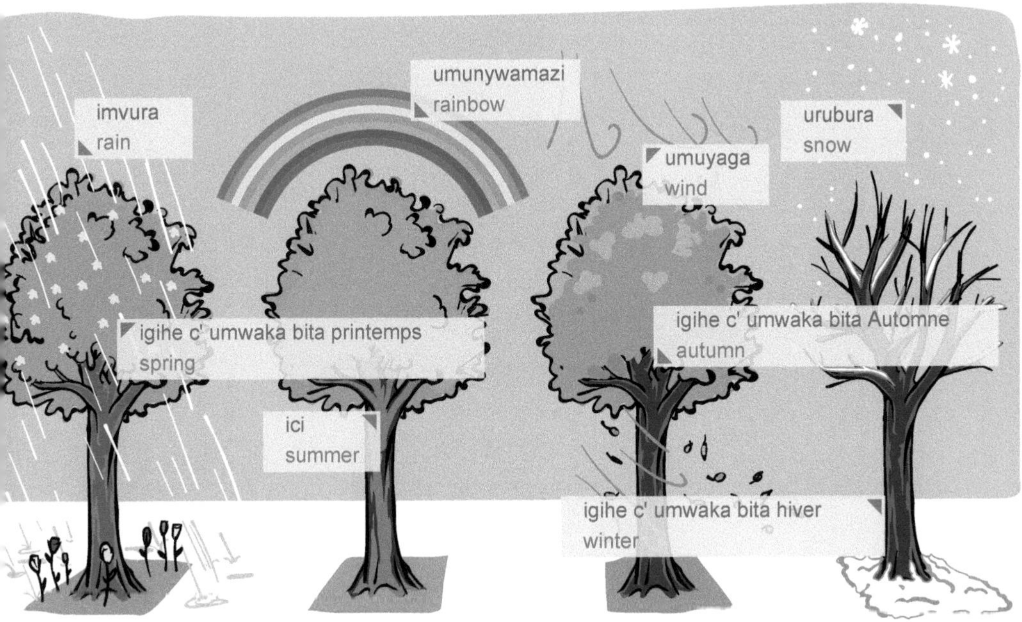

ikirangabihe

weather forecast

F
C
120
90
60
30
0
-30
40
30
20
10
0
-10
-20

igipima ubushuhe bw' umubiri

thermometer

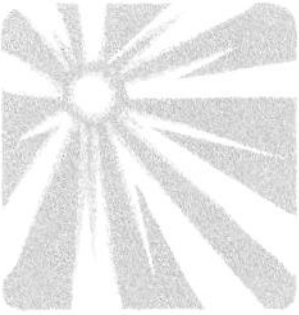

ubuseruko bw' izuba

sunshine

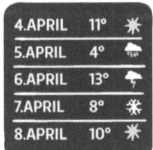

igicu

cloud

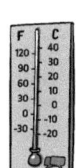

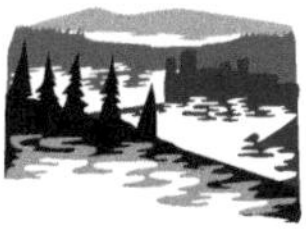

igipfungu

fog

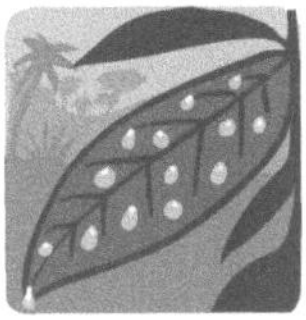

ifira

humidity

umuravyo

lightning

inkuba

thunder

igihuhusi

storm

urubura

hail

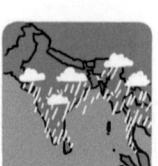

igihuhusi bita mousson

monsoon

umwuzure

flood

ibarafu

ice

nzero

January

ruhuhuma

February

ntwarante

March

ndamukiza

April

rusama

May

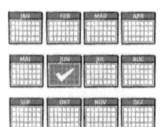

ruhenshi

June

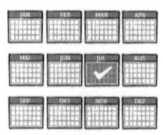

mukakaro

July

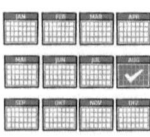

myandagaro

August

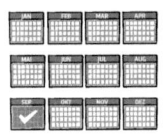

nyakanga

September

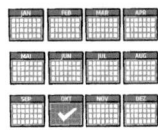

gitugutu

October

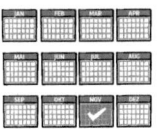

munyonyo

November

migarama

December

umuzingi

circle

ikwadarato

square

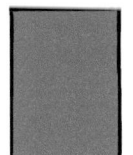

urikiramende

rectangle

inyabutatu

triangle

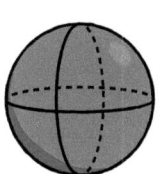

umubumbe

sphere

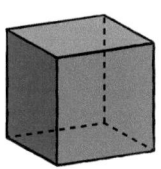

agasandugu

cube

ibara ryera

white

ibara ry' umuhondo

yellow

ibara risa n' umucungwe

orange

ibara rya rose

pink

ibara ritukura

red

ibara rya mauve

purple

ibara ry' ubururu

blue

ibara ry'icatsi kibisi

green

ibara ry' igihogo

brown

ibara rya gris

grey

ibara ryirabura

black

vyinshi / bikeyi

a lot / a little

washavuye / utekereje

angry / calm

mwiza / mubi

beautiful / ugly

intanguriro / iherezo

beginning / end

kinini / gitoyi

big / small

gikeye / cijimye

bright / dark

musaza w' umuntu / mushiki w' umuntu

brother / sister

gisukuye / gicafuye

clean / dirty

gikwiye / gicagatiye

complete / incomplete

umunsi / ijoro

day / night

wapfuye / ariho

dead / alive

cagutse / caga

wide / narrow

kiryoshe / kibishe

edible / inedible

umutima mubi / umutima mwiza

evil / kind

anezerewe / arambiwe

excited / bored

kivyibushe / conze

fat / thin

cambere / canyuma

first / last

umugenzi / umwansi

friend / enemy

cuzuye / kiri gusa

full / empty

kigumye / coroshe

hard / soft

kiremereye / gihwahutse

heavy / light

inzara / inyota

hunger / thirst

arwaye / akomeye

ill / healthy

cemewe n'amategeko / kitemewe n'amategeko

illegal / legal

incabwenge / ikijuju

intelligent / stupid

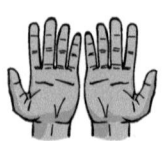

ibubamfu / iburyo

left / right

hafi / kure

near / far

gishasha / gishaje

new / used

ntaco / kiriho

nothing / something

umutama / urwaruka

old / young

kwatsa / kuzimya

on / off

kugurura / kugara

open / closed

gitekereje / gifise urwamo

quiet / loud

umutunzi / umukene

rich / poor

nivyo / sivyo

right / wrong

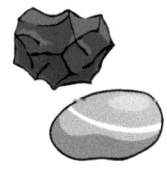

kigoramye / kigororotse

rough / smooth

ashavuye / anezerewe

sad / happy

kigufi / kirekire

short / long

kigenda bukebuke / kinyaruka

slow / fast

gitose / cumye

wet / dry

gishushe buhoro / gikanye buhoro

warm / cool

intambara / amahoro

war / peace

0

ubusa

zero

1

rimwe

one

2

kabiri

two

3

gatatu

three

4

kane

four

5

gatanu

five

6

gatandatu

six

7

indwi

seven

8

umunani

eight

9

icenda

nine

10

cumi

ten

11

cumi na rimwe

eleven

12

cumi na kabiri

twelve

13

cumi na gatatu

thirteen

14

cumi na kane

fourteen

15

cumi na gatanu

fifteen

16

cumi na gatandatu

sixteen

17

cumi n' indwi

seventeen

18

cumi n' umunani

eighteen

19

cumi n' icenda

nineteen

20

mirongo ibiri

twenty

100

ijana

hundred

1.000

igihumbi

thousand

1.000.000

umuriyoni

million

Icongereza

English

Icongereza co muri Amerika

American English

Mandare kivugwa mu bushinwa

Chinese Mandarin

Igihinde

Hindi

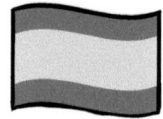

Ikispaniya

Spanish

Igifaransa

French

Icarabu

Arabic

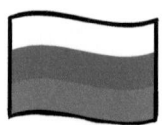

Ikirusiya

Russian

Igiporitigare

Portuguese

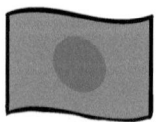

Ikibengare

Bengali

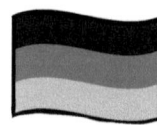

Ikidage

German

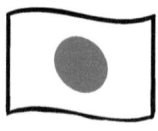

Ikiyapani

Japanese

jewe

I

wewe

you

we / we / co

he / she / it

twebwe

we

mwebwe

you

bo

they

inde?

who?

iki?

what?

gute?

how?

hehe?

where?

ryari?

when?

izina

name

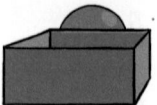

inyuma ya

behind

indani ya

in

imbere ya

in front of

hejuru ya

over

ku

on

munsi ya

under

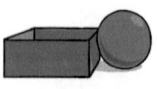

mu mbavu ya

beside

hagati ya

between

ikibanza

place